Pour Kankaliba

Loi numéro 49 956 du 16 juillet 1949 sur les publications
destinées à la jeunesse : septembre 2005
Dépôt légal : mars 2006
Imprimé en France par CLERC S.A.S. à Saint-Amand-Montrond

Satomi Ichikawa

Ma chèvre Karam-Karam

l'école des loisirs
11, rue de Sèvres, Paris 6e

Je m'appelle Konta.
Tous les jours, je vais à la pêche sur le fleuve Niger.
À la fin de la journée, je vais retrouver
mon ami Samba, qui garde ses chèvres.
Aujourd'hui, Samba me dit :
« Demain, il faut que j'aille au marché
pour vendre une de mes chèvres. »
« Moi aussi, j'y vais pour vendre mes poissons.
Allons-y ensemble ! »

Tôt le matin, je viens chercher Samba.
Mais sa chèvre n'a pas du tout envie de monter dans la pirogue. Elle bêle et gigote : Mê... Mê... Mê...
« Mais qu'est-ce qu'elle a, ta chèvre ?
Dépêche-toi, monte ! »

Enfin, nous voilà partis.
Je pousse fort sur la perche, tandis que Samba s'endort sur sa pagaie. Nous filons au milieu du fleuve. Soudain, j'entends : plouf !
« Oh, Samba ! Secoue-toi, ta chèvre s'est sauvée ! »

Samba se réveille, ahuri. Il crie à sa chèvre :
« Quelle mouche t'a piquée ? ! Reviens ! »
Mais la chèvre s'éloigne à toute vitesse.
Je sais nager mieux que Samba, j'y vais !
Plouf !

Je n’arrive pas à l’attraper. Dès que je me rapproche, elle accélère. Mais où va-t-elle comme ça ? Le courant est fort par ici, j’ai peur qu’il ne nous emporte.
«Au secours !»

Ouf ! Nous réussissons quand même à atteindre la rive.
Mais la chèvre s'enfuit déjà à travers les dunes.
« Où vas-tu ? Reviens ! »

«Attends-moi !»
Quand j'arrive au sommet de la dune, je n'en crois pas mes yeux. Elle s'est bien cachée, la coquine. Il y a des dizaines de chèvres. Et elles se ressemblent toutes. Comment faire pour la retrouver ?
Je crie aux chèvres : «Vous allez toutes au marché, vous aussi ?»
À ces mots, une chèvre bondit hors du troupeau. C'est elle !

Où est-elle ? Ah, je la vois, elle broute
sous un acacia. Je fonce sur elle.
« Aïe ! Aïe ! Aïe ! » Ça pique ! Le sol est plein de karam-karam,
ce sont des plantes couvertes d'épines. Quelle rusée !
« Tu l'as fait exprès ! Je vais tout de suite te vendre
au marché, méchante ! »
Aussitôt, elle s'enfuit à nouveau…
« Désormais, je t'appellerai Karam-Karam.
Car tu es méchante comme ces épines ! »

Oh, j'ai mal au pied,
je suis épuisé et j'ai faim.
Qu'elle aille où elle veut !
Je m'en fiche ! Et pourquoi
me regarde-t-elle comme ça,
maintenant ? Elle se moque
de moi ?

«Ce n’est plus la peine de revenir ! Je t’ai dit : je ne veux plus te voir, va-t’en ! »

La chipie, elle s'est déjà fait adopter.
Elle trône au milieu du village comme une princesse.
Tout le monde s'occupe d'elle.
Elle se laisse traire gentiment. Les enfants boivent son lait et jouent avec elle. Tant mieux pour eux. Moi, je la dé-teste !

Je suis si fatigué, et j'ai si faim.
Je n'en peux plus.
Mais soudain, Karam-Karam apparaît.
Elle s'avance vers moi, une galette entre les dents.
« C'est pour moi ? ! »
J'ai la gorge nouée.
« Merci, Karam-Karam… »
Elle a dû obtenir cette galette en échange de son lait.
Je prends la galette et je la partage avec elle.

Bientôt le sommeil nous gagne.
Karam-Karam est blottie contre moi,
et moi contre elle. Je lui murmure à l'oreille :
«Maintenant, tu es mon amie.
Je ne laisserai pas Samba te vendre au marché.
Fais-moi confiance et dors tranquille.»

«Konta ! Konta ! Où es-tu ?»
C'est Samba, sur la pirogue !
«Te voilà ! Je t'ai cherché partout. Monte !»
Mais encore une fois, Karam-Karam refuse de monter.
«Samba, il faut que je te parle. Dis-moi que tu ne vendras pas cette chèvre au marché. Elle est devenue mon amie. Vends-la-moi. Je te paierai, promis !»

« Comme tu avais disparu, je suis allé tout seul au marché », dit Samba. « J'ai vendu tes poissons. Voilà ton argent. »
« Oh, merci ! Tu es formidable. Je peux te payer la chèvre avec cet argent ? »
« Bien sûr ! Elle est à toi ! »
À ces mots, Karam-Karam saute joyeusement dans la pirogue.
« Allons-y ! »

Ma chèvre est géniale !
Elle comprend tout ce que je lui dis.
C'est ma gentille « Karam-Karam ».